Djasrabe Naguingar
Mamadou Samba Camara

Amelioration du processus de datamining par l'ingénierie logicielle

Djasrabe Naguingar
Mamadou Samba Camara

Amelioration du processus de datamining par l'ingénierie logicielle

Préparation a priori des données pour le datamining

Éditions universitaires européennes

Impressum / Mentions légales

Bibliografische Information der Deutschen Nationalbibliothek: Die Deutsche Nationalbibliothek verzeichnet diese Publikation in der Deutschen Nationalbibliografie; detaillierte bibliografische Daten sind im Internet über http://dnb.d-nb.de abrufbar.

Alle in diesem Buch genannten Marken und Produktnamen unterliegen warenzeichen-, marken- oder patentrechtlichem Schutz bzw. sind Warenzeichen oder eingetragene Warenzeichen der jeweiligen Inhaber. Die Wiedergabe von Marken, Produktnamen, Gebrauchsnamen, Handelsnamen, Warenbezeichnungen u.s.w. in diesem Werk berechtigt auch ohne besondere Kennzeichnung nicht zu der Annahme, dass solche Namen im Sinne der Warenzeichen- und Markenschutzgesetzgebung als frei zu betrachten wären und daher von jedermann benutzt werden dürften.

Information bibliographique publiée par la Deutsche Nationalbibliothek: La Deutsche Nationalbibliothek inscrit cette publication à la Deutsche Nationalbibliografie; des données bibliographiques détaillées sont disponibles sur internet à l'adresse http://dnb.d-nb.de.

Toutes marques et noms de produits mentionnés dans ce livre demeurent sous la protection des marques, des marques déposées et des brevets, et sont des marques ou des marques déposées de leurs détenteurs respectifs. L'utilisation des marques, noms de produits, noms communs, noms commerciaux, descriptions de produits, etc, même sans qu'ils soient mentionnés de façon particulière dans ce livre ne signifie en aucune façon que ces noms peuvent être utilisés sans restriction à l'égard de la législation pour la protection des marques et des marques déposées et pourraient donc être utilisés par quiconque.

Coverbild / Photo de couverture: www.ingimage.com

Verlag / Editeur:
Éditions universitaires européennes
ist ein Imprint der / est une marque déposée de
OmniScriptum GmbH & Co. KG
Heinrich-Böcking-Str. 6-8, 66121 Saarbrücken, Deutschland / Allemagne
Email: info@editions-ue.com

Herstellung: siehe letzte Seite /
Impression: voir la dernière page
ISBN: 978-3-8417-3787-8

DÉDICACE

Je dédie ce mémoire

À mon Père MBAIGUETIM DJIMRANGAR DOWAD

REMERCIEMENTS

Nous tenons à exprimer nos profonds remerciements à toutes les personnes qui n'ont ménagé aucun effort pour la réalisation de ce mémoire.

Particulièrement, nos remerciements vont à l'endroit de :

- **Pr FARSSISidi Mohamed,**qui a bien voulu nous accepter dans son laboratoire pour nos premiers pas dans le monde de recherche et de nous avoir prodigué des nombreux conseils ;

- **Dr Mamadou SAMBA Camara**, Enseignant au département Génie Informatique, qui en dépit de ses multiples occupations à bien accepter, non seulement assurer la direction de ce mémoire, mais aussi a su nous être d'une particulière disponibilité, le tout ajouté à ses conseils sans lesquels nous ne saurions arrivés au bout de ce travail ;

- Au jury pour avoir a accepté de porter un regard critique sur ce travail pour en améliorer la qualité ;

- L'ensemble du corps professoral à qui nous exprimons nos sincères gratitudes pour la qualité du savoir qui nous a été transmis;

- Messieurs Allahissem Miangar, Anicet Masrabaye Djimasdé et Mortordé Justin ainsi que la famille Djimta Domtinet pour leur accueil. Grâce à vous, mon intégration à Dakar s'est très bien passée. Je ne saurais oublier tous les moments passés ensemble ;

- Ma tante Danmadji Denise, mon grand frère Mbaipor Serge. Vous m'avez apporté un appui moral et financier inestimables. Recevez ici toute ma gratitude ;

- Mes camarades du Laboratoire d'Imagerie Médicale et Bio-Informatique et de toute la promotion de Master de recherche 2012-2013;

SOMMAIRE

Liste des Figures

Listes des Tableaux

Résumé

De nos jours, il va sans dire, l'informatisation de la quasi-totalité des tâches des entreprises est une exigence. Les applications mises en place à cet effet jouent un rôle déterminant : celui de supporter l'exécution des processus métiers. Lors de leurs exécutions, ces processus produisent des données qui sont généralement stockées dans des bases de données ou des entrepôts des données.

Ainsi, au regard de l'accroissement des données et la complexité de tirer des informations dans ces bases de données, plusieurs techniques de datamining sont mises en place pour faciliter cette tâche. Or, durant l'extraction des connaissances, plusieurs problèmes de non qualité minent ces données. Ces problèmes sont liés entre autres aux valeurs aberrantes, les valeurs manquantes, les incohérences dans les données, les données variant dans le temps. Le traitement de ces manquements conduit à une perte énorme de temps et des ressources.

Le présent travail vise à prendre en compte ces problèmes en s'appuyant sur le processus de développement logiciel. Ainsi, nous proposons un nouveau modèle de fouille de données dont le déroulement se fait en parallèle avec le processus de développement. Les modifications proposées concernent surtout les phases de *compréhension des données »* et *« préparation des données »* du processus DM afin d'améliorer l'efficacité de ce dernier. Le modèle de processus DM (Dataminig) proposé est appelé Modèle de Préparation et de Fouille des données (Data Preparation and Mining – DPM-).

La principale contribution de ce processus DPM est l'anticipation et l'automatisation de toutes les activités nécessaires pour éliminer les problèmes de qualité des données

Mots clés : Fouille de données, Entrepôt des données, CRISP-DM, Génie logiciel, Qualité de données

Abstract

The computerization of nearly all the tasks of companies becomes almost a requirement these days. The primary role of the applications developed for an enterprise is to support the execution of business processes. During the execution, these processes produce data that are usually stored in databases or data warehouses.

Given the fact that the quality of data has increased and the complexity to extract information from the databases, several techniques of data mining are set in place to facilitate this task. However, during the discovery of knowledge, several problems of lack of quality undermine data. These problems are related among other things to missing data, outliers, inconsistencies in the data, data that vary in time. The treatment of these deficiencies leads to a huge waste of time and resources.

This work aims to address these problems by relying on the software development process. We propose the design of a new model of data mining process which is to run in parallel with the software development process. The proposed modifications concern mainly the *"data understanding "*and*" data preparation "* phases of DM process in order to improve the efficiency of the latter. The model of DM (Datamining) process proposed is called Data Preparation and Mining (DPM).

The main contribution of DPM process is the anticipation and automation of all activities necessary to eliminate the problems of the quality of data.

Keywords: Data Mining, Data Warehouse, CRISP-DM, Software Engineering, Data Quality

Introduction générale

Il va sans dire, plus que jamais, nous vivons une période hautement concurrentielle et les entreprises, se doivent d'être performantes dans toutes leurs activités, pour exister. Et pour exister, elles doivent se doter des outils leur permettant d'automatiser la quasi-totalité de leurs tâches afin de gagner en temps et en ressources. Ces procédés conduisent à la mise en place d'un système d'information automatisé capable de produire des données stockées dans de base de données et dont la taille peut être très grande. La mise en place de ce système automatisé utilise un processus de développement logiciel impliquant la participation de la quasi-totalité des employés de l'entreprise.

Le processus de développement permet de mettre en place des outils supportant les processus métiers de l'entreprise. Ces processus lorsqu'ils s'exécutent, produisent des données. La collecte de ces données se fait en conformité des objectifs précis de l'entreprise. Elles doivent permettre de faciliter la mise en place des indicateurs de mesure de performance des processus de l'entreprise.

Dans un souci de performance, et d'extraction des connaissances contenues dans ces données, ces entreprises auront besoin de réaliser des fouilles sur des données générées par le système. Il convient donc de regrouper les données des différentes bases opérationnelles de l'entreprise dans un entrepôt des données. Le datamining (fouille de données) associé au datawarehouse (entrepôt des données) est un outil de prédilection dont disposent les managers.

Plusieurs techniques d'extraction des connaissances dans les données existent. Cependant, plusieurs problèmes minent cette opération surtout dans sa phase de préparation des données. Ces problèmes sont entre autres : les données aberrantes, la duplication des données, les données manquantes, les incohérences dans les données pour ne citer que ceux-là.

C'est pour tenter de donner des pistes de réponse à tous ces problèmes que nous avons décidé de travailler sur le thème « *amélioration du processus de fouille données par l'ingénierie logicielle* ». L'objectif de ce travail est de mettre en place un nouveau modèle de fouille de données qui prend en compte a priori les besoins de fouille par un processus de développement logiciel. L'accent est mis sur la phase préparation des données du processus de fouille. Cette phase qui constitue la plus grande tâche(1) dans ce processus, doit fournir des données valides à l'analyse. Notre approche se base sur l'utilisation des activités du processus de développement logiciel. Au vu des problèmes de données, comment peut-on améliorer le processus de fouille en utilisant le processus SE (Software Engineering)? Comment prendre en compte a priori les problèmes liés à la préparation des données du processus de fouille à travers le logiciel traitant les processus métiers ? Tous ceci pour un seul but : obtenir un jeu de données valides en mettant en place des stratégies qui au niveau opérationnel, nous permettront d'y arriver.

Pour répondre à ces questions, nous avons subdivisé le mémoire en trois (3)chapitres :

- Le premier chapitre présente de façon globale les différents processus de fouille de données qui existent. Nous étudions le processus de fouille de données pour identifier les problèmes liés à la préparation des données ainsi que les techniques de traitement de ces problèmes.

- Le second chapitre traite du processus de développement logiciel. Il fait un état de l'art des différentes méthodes et processus de développement logiciel existant. C'est en utilisant ces procédés du génie logiciel que l'on peut capturer les besoins métiers des entreprises et automatiser ses tâches. La dernière partie de ce chapitre intègre l'état de l'art des travaux allant dans le sens de l'amélioration du processus DM par le processus SE;

- Le troisième chapitre traite de nos propositions visant à répondre à la problématique, c'est-à-dire comment anticiper les besoins liés à la fouille dans le processus de développement logiciel. Nous avons mis en place un nouveau modèle de fouille de données dont le déroulement se fait en parallèle avec le processus de développement. Nous appliquons ce nouveau modèle de fouille à un processus de gestion de note pour voir son impact dans le traitement des données variantes dans le temps.

Chapitre 1 : Étude des processus de fouille de données

L'informatisation des processus des entreprises conduit à la mise en place des bases de données liées à chaque domaine de l'entreprise. Ces différentes bases de production sont regroupées dans un « *entrepôt de données* » (Datawarehouse). Pour Bill Inmon, un datawarehouse *"est une collection de données thématiques[1], intégrées, non volatiles et historisées pour la prise de décisions.(2)"*. Il s'agit un processus d'aide à la prise de décision et la gestion de la connaissance tant pour l'usage quotidien que pour l'élaboration de stratégies à long terme.

Les informations stockées dans l'entrepôt sont très nombreuses et ont une taille très grande. Il est difficile de retrouver de façon simpliste les informations dans un tel environnement. C'est pourquoi, il a été mis en place des procédures d'extraction de connaissances dans ces entrepôts.

L'objet de ce chapitre est de faire une présentation des processus DM (Datamining ou fouille de données) existant. Il sera aussi question d'analyser au peigne fin les problèmes liés à l'activité de préparation des données ainsi que les techniques de traitement de ces manquements.

A. État des lieux des processus de fouille de données

Le datamining est l'ensemble des méthodes et techniques destinées à l'exploration et l'analyse de (souvent grandes) bases de données informatiques, de façon automatique ou semi-automatique, en vue de détecter dans ces données des règles, des associations, des tendances inconnues ou cachées, des structures particulières restituant l'essentiel de l'information utile tout en réduisant la quantité de données (3)

Les activités de fouille de donnés permettent d'interpréter, d'analyser et prédire les faits(4). L'interprétation identifie les modèles réguliers dans les données et les exprime par des règles et critères qui peuvent être facilement compréhensibles par des utilisateurs du domaine d'application. La prévision a pour but de prévoir la valeur d'une variable aléatoire dans le temps ou d'estimer la probabilité de réalisation d'un événement futur.

---

[1] *Les données thématiques sont des données orientées sujets*

1. Modèles des processus de fouille de données

Il existe plusieurs méthodes pour mettre en place un projet de Datamining. Le plus connus est le CRISP-DM[2], une norme industrielle qui consiste en une séquence d'étapes qui est couramment utilisée dans la fouille de données (5).

Les modèles de processus de fouille mettent généralement l'accès sur l'indépendance entre les applications développés est des outils (environnement de développement, processus utilisé) utilisés. Ils peuvent être divisés en des méthodes qui prennent en compte les enjeux industriels et ceux qui ne le font pas. Cependant, les modèles qui ne sont pas généralement concernés par les questions industrielles, peuvent être appliqués facilement dans le milieu industriel et vice versa. Nous limitons notre analyse aux modèles qui sont populaires dans la littérature et qui ont été utilisés dans des projets de découverte de connaissances réelles.

1.1 Modèles orientés vers la recherche

Les modèles orientés vers la recherche ont été mis en place dans les années 1990 par des chercheurs qui ont commencé par définir des procédures visant à guider les utilisateurs dans l'application des outils de fouille pour la découverte de connaissance. L'objectif est de fournir une séquence d'activités qui aideraient à découvrir les connaissances dans un domaine quelconque.

Quatre modèles de processus ont été développés dans ce domaine: le modèle Fayyad, le modèle de Anand et Buchner, les 5 A's (mis en place par SPSS), le modèle de Cios et al(6). Les plus grands modèles sont les modèles de Fayyad(KDD : Knowledge Discovery Data) et d'Anand & Buchner qu'on présentera les différentes phases.

a) Le modèle de Fayyad et al. (KDD)

Ce processus a pour but l'extraction des connaissances, des motifs valides, utiles et exploitables à partir des grandes quantités de données, par des méthodes automatiques ou semi-automatiques. Le processus de KDD est itératif et interactif, car il permet de refaire les pas précédents si nécessaires.

Le processus KDD comprend neuf étapes (7) décrites comme suit :

1. **Développer et comprendre le domaine de l'application** (point de départ du processus). Il prépare la scène pour comprendre et développer les buts de l'application.

---

[2] Cross Industry Standard Process for Data Mining

2. **La sélection et la création d'un ensemble de données** sur lequel va être appliqué le processus d'exploration.

3. **Le prétraitement et le nettoyage des données** : cette étape inclut des opérations comme l'enlèvement du bruit et des valeurs aberrantes. C'est dans cette étape qu'on indique les décisions et les stratégies qui vont être utilisées pour traiter les valeurs manquantes et les valeurs aberrantes ;

4. **La transformation des données.** Dans cette étape on cherche les méthodes correctes pour représenter les données. Ces méthodes incluent la réduction des dimensions et la transformation des attributs.

Après avoir validé les quatre premières étapes, les étapes suivantes permettront de choisir et mettre en œuvre un algorithme de fouille de données.

5. **Choisir la meilleure tâche pour le datamining** : type de datamining à utiliser, en décidant du but du model (classification, régression, regroupement, etc.).

6. **Choisir l'algorithme de datamining** : dans cette étape nous devons choisir la méthode spécifique pour faire la recherche des motifs, en décidant quels modèles et les paramètres sont appropriés.

7. **Implémenter l'algorithme de datamining** : on implémente les algorithmes de datamining choisis dans l'étape antérieure. Il sera nécessaire d'appliquer l'algorithme plusieurs fois pour avoir le résultat attendu.

8. **Evaluation** : ceci inclut l'évaluation et l'interprétation des motifs découverts.

9. **Utiliser les connaissances découvertes** : elle inclut l'incorporation de ces connaissances acquises dans les différents domaines.

Le modèle est incorporé dans le système commercial MineSet (8) et a été utilisé dans plusieurs domaines différents : ingénierie, médicine, e-business, production, développement du logiciel, etc.

Notons néanmoins que ce processus possède un défaut car il ne guide pas l'utilisateur à faire un choix à chaque étape de la meilleure solution adaptée pour ses données.

b) Le modèle de fouille selon Anand et Buchner

Ces chercheurs ont développé une méthodologie hybride qui a été appliquée pour résoudre les problèmes de ventes croisées (9) et pour analyser les données de marketing sur Internet (10). La méthodologie comporte 8 étapes qui sont :

1. **Human Resources Identification (Identification des ressources humaines)** : cette étape permet d'identifier les ressources humaines ainsi que leur rôle ;

2. **Problem Specification (spécification du problème)** : elle divise le projet en plusieurs tâches et chaque tâche sera résolue par une méthode particulière de datamining ;

3. **Data Prospecting (prospection des données)** : elle analyse l'accessibilité et la disponibilité des données et sélectionne les attributs et le modèle de stockage ;

4. **Domain Knowledge Elicitation (énumération des connaissances du domaine)** : c'est dans cette étape qu'on dresse la liste des connaissances du domaine ;

5. **Methodology Specification(spécification de la méthodologie):**elle sélectionne la meilleure méthode de fouille ou utilise plusieurs méthodes de datamining ;

6. **Data Preprocessing(prétraitement des données)**: cette étape permet de supprimer les valeurs aberrantes, les données bruitées, la transformation et le codage, etc.

7. **Pattern Discovery (découverte de motifs)** : c'est dans cette phase qu'on fait la découverte des motifs dans les données prétraitées ;

8. **Knowledge Post-Processing (Connaissance découverte après traitement)** : ici, c'est la validation et la visualisation des connaissances découvertes.

Ce modèle fournit une analyse détaillée pour les étapes initiales du processus, mais n'inclut pas les activités nécessaires pour utiliser les connaissances découvertes et la documentation du projet.

1.2 Modèles orientés vers l'industrie

Les modèles orientés vers l'industrie sont modèles qui ont été mis en place par des grands consortiums industriels tels que IBM et des experts ayant une grande expérience dans le milieu industriel. Ces modèles sont : le modèle SEMMA, le modèle CRISP-DM et le modèle de Cabena et al.

a) SEMMA (Sample, Explore, Modify, Model, Asses)

Pour être correctement appliquée, la fouille de données doit être considérée comme un processus plutôt qu'un ensemble d'outils et de techniques. Tel est l'objectif de la méthodologie développée par l'Institut SAS[3], appelé SEMMA (11). Cette méthode vise à rendre plus facile la réalisation des techniques d'exploration et de visualisation statistique, de sélectionner et de transformer les variables les plus significatives de

---

[3] *SAS Institute Inc., http ://www.sas.com*

prévision, les variables du modèle pour prédire les résultats et, enfin, de confirmer la fiabilité d'un modèle.

Les différentes étapes de ce modèle sont décrites comme suit (11):

1. **Sample (Echantillon des données)** : cette phase extrait des échantillons d'un vaste ensemble de données, en nombre suffisamment grand pour contenir l'information importante, mais assez petite pour être manipulée rapidement ;

2. **Explore (Exploitation des données)** : elle consiste à l'exploration des données en recherchant les tendances et les anomalies imprévues afin de mieux comprendre les données ;

3. **Modify (Modifier)** qui modifie les données en créant, en sélectionnant et en transformant les variables afin de s'orienter sur le processus de sélection de modèles ;

4. **Model (Modélisation)** : cette phase modélise les données en permettant au logiciel de rechercher automatiquement une combinaison des données qui prédit de façon fiable le résultat souhaité ;

5. **Assess (Evaluer)** qui évalue l'utilité et la fiabilité des résultats du processus de datamining et estime comment il va s'exécuter.

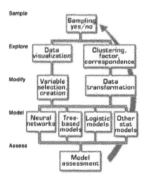

Figure 1.1: les étapes de la méthode SEMMA

Ce modèle de processus est intégré dans l'outil Enterprise Miner pour la réalisation des tâches de datamining. Ce qui le différencie du processus KDD qui est un processus ouvert et applicable dans plusieurs environnements.

b) CRISP-DM

Le CRISP-DM (Cross Industry Standard Process for Data Mining) est un processus normalisé qui décrit le cycle de vie d'un projet de fouille de données. Son objectif principal est de standardiser le processus de fouille de données afin de le rendre indépendant du domaine d'application et des outils utilisés (1).

Le modèle comporte plusieurs étapes qui ne sont pas strictes. On peut aller entre les phases tel que représenté par les flèches sur la figure ci-dessous.

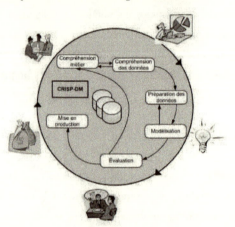

Figure 1.2: le processus CRISP-DM et ses étapes

CRISP-DM ne guide pas l'utilisateur sur comment les tâches doivent être réalisées, mais le modèle est facile à comprendre et très bien documenté. Le modèle se compose de six (6) étapes (12) décrites comme suit :

1. **Compréhension du métier** (Business understanding) : cette phase initiale porte sur la compréhension des objectifs et des exigences du projet. Les connaissances acquises vont définir la problématique et le plan préliminaire pour accomplir ces objectifs ;

2. **Compréhension des données** (Data understanding) : elle commence avec une collection de données initiales et continue avec des activités afin de se familiariser avec les données, d'identifier les problèmes de qualité des données, de détecter des sous-ensembles afin de construire des hypothèses pour les informations cachées ;

3. **Préparation des données** (Data preparation) : cette phase contient toutes les activités nécessaires afin de construire la base de données finale ;

4. **Modélisation** (Modeling) : dans cette phase sont sélectionnées et appliquées plusieurs techniques sur les données et leur paramètres sont calibrés avec des valeurs optimales ;

5. **Evaluation du modèle** (Evaluation) : à ce niveau le(s) modèle(s) sont évalué(s) et les étapes suivies pour la construction du modèle sont réévaluées pour s'assurer que le projet respecte les objectifs métiers, définis au début du projet ;

6. **Utilisation du modèle** (Deployment) : la création du modèle ne représente pas la fin du projet. Même si le but initial du projet est d'augmenter les connaissances obtenues dans les données, les connaissances acquises ont besoin d'être organisées et présentées d'une manière utilisable par le client.

Après l'apparition de la première version de CRISP-DM, les applications du datamining ont beaucoup changé. Les nouveaux enjeux et exigences sont caractérisés par :

- Plusieurs types des données disponibles et aussi de nouvelles techniques pour manipuler, analyser et combiner les données.

- Des exigences concernant le facteur d'échelle et le déploiement dans des environnements en temps réel.

- Le besoin d'explorer des bases des données de grandes échelles, etc.

Le CRISP-DM est le processus de datamining par excellence le plus utilisé dans le milieu industriel et universitaire. Cependant, il a une insuffisance méthodologique qui est le manque de définition concise et de détails dans les différentes étapes (13).

c) Le modèle de Cabena et al.

Dans (14), on définit le datamining comme un processus d'extraction des connaissances valides et utiles à partir des larges bases de données afin d'utiliser ces informations pour prendre des décisions importantes.

Le schéma ci-dessous montre les différentes étapes du processus de fouille de données selon Cabena.

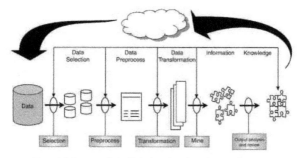

Figure 1.3: Processus de fouille de données selon Cabena et al. 1997

Il n'y a pas une grande différence entre ce processus et le processus KDD. La description en détail de ces étapes est la suivante :

1. **Détermination des objectifs métiers** (Business objectives determination) : comprendre les problèmes métiers et définir les objectifs de datamining ;

2. **Préparation des données** (Data preparation) : identifier les sources des données externes ou internes et sélectionner un échantillon de données pour une tâche donnée. À ce niveau, la qualité des données doit être vérifiée et améliorée et les méthodes de DM qui seront utilisées dans les pas suivants vont être déterminées ;

3. **Fouille de données** (Datamining) : application des méthodes sélectionnées sur les données prétraitées ;

4. **Exploitation des résultats** (Analysis of results) : interprétation des résultats obtenus en utilisant des techniques de visualisation ;

5. **Assimilation des connaissances** (Assimilation of knowledge) : utilisation des connaissances obtenues dans les systèmes de l'organisation en expliquant comment ces connaissances seront exploitées.

Le modèle établi par Cabena est le premier modèle orienté industrie, mais les auteurs n'ont pas donné assez de détails sur les boucles de rétroaction, d'où l'incomplétude de ce modèle. Ce processus est plus utilisé dans le domaine de marketing et de ventes.

2. Comparaison des différents modèles de fouille des données

Les différents modèles de processus DM présentés ci-haut possèdent des points communs et des divergences. La plupart de ces processus suivent la même séquence d'étapes et parfois ils utilisent des pas similaires; les modèles impliquent des tâches de « *Préparation des données* » trop complexes et lourdes. Une autre similitude importante entre les processus est l'aspect itératif des boucles nécessaires entre certaines étapes. Les processus se différentient par la première étape de « *Compréhension du métier* » et la dernière étape de « *Utilisation des connaissances acquises* », qui n'existent pas dans tous les processus (SEMMA, 5A's, Anand et Buchner). Le modèle 5A's contient une étape en plus, celle d'automatisation du processus DM pour que les utilisateurs non-expérimentés puissent appliquer des anciens modèles sur des nouvelles données.

Les processus CRISP-DM et KDD sont les processus les plus utilisés pour développer des projets de datamining. Cependant, d'autres méthodes sont développées dans le cadre des équipes à l'exemple du modèle SEMMA.

Ainsi, pour faire de la recherche, les processus génériques peuvent avoir un avantage dans la mesure où les résultats seront applicables de manière plus large. C'est en milieu professionnel qu'il est nécessaire d'avoir un processus spécifique dans lequel le « *comment* » de chaque phase est présenté.

B. Les problèmes liés à la préparation des données

La préparation des données est l'un des aspects les plus importants et les plus coûteux en temps du datamining. L'existence d'un entrepôt de données peut aider à diminuer sensiblement l'effort dépensé au niveau de cette phase. En effet, les données seront déjà passées par la phase d'Extraction-Transformation-Chargement avant d'être stockées dans l'entrepôt. Ceci permet de réduire le temps de traitement des données. Cependant, la préparation et l'intégration des données en vue de l'opération de fouille requièrent encore beaucoup d'efforts.

La phase de préparation des données d'un processus DM fait le lien entre les données à la disposition et la phase de modélisation. La phase préparation des données du CRISP-DM regroupe cinq tâches : la *sélection,* le *nettoyage,* la *construction, l'intégration,* et le *formatage.*

L'étape de « *préparation de données* » est précédée d'une étape de « *compréhension des données* ». Elle commence par une collecte des données et se poursuit avec des activités dont l'objectif est de se familiariser avec les données, d'identifier les problèmes de qualité des données, de découvrir les premières connaissances dans les données, ou de détecter les sous-ensembles intéressants pour former des hypothèses sur les informations cachées.

1. Études des différentes phases de la préparation des données

1.1 La sélection des données

En fonction de la collecte initiale de données réalisée dans la phase de « *compréhension des données* » du CRISP-DM, l'on peut commencer à choisir les données pertinentes en accord avec les objectifs fixés pour l'opération de fouille. Ce choix se fait en tenant compte de la qualité des données et des contraintes techniques telles que les limites sur le volume des données ou des types de données. À ce niveau, l'utilisation des tests de signification et de corrélation afin de décider de l'exclusion ou non des données sur un champ est aussi utile.

1.2 Le nettoyage des données

La tâche de nettoyage a pour but de détecter et corriger les éventuelles anomalies survenues au cours de la collecte des données et de traiter les valeurs manquantes. Elle permet aussi d'améliorer la qualité des données au niveau requis par les techniques d'analyses sélectionnées. Cela peut impliquer la sélection de sous-ensembles des données propres, le remplacement des données manquantes avec des techniques plus ambitieuses, telles que l'estimation des données manquantes.

On peut utiliser dans cette phase, le rapport sur la qualité des données préparées au cours de la phase de « compréhension des données ». Ce rapport contient des informations sur les types de problèmes liés aux données choisies. Ainsi, l'on peut l'utiliser comme point de départ la manipulation des données incluses dans le nettoyage des données de la phase de préparation des données.

1.3 La construction des données

La tâche de construction vise à définir les unités sur lesquelles portent les mesures, et les variables. Bref, les caractéristiques mesurées sur les individus. Cette tâche comprend entre autres les opérations de production d'attributs dérivés, de complément des nouveaux enregistrements, ou des attributs existants dont les valeurs ont été transformées afin d'obtenir un ensemble de données complet et utile à l'analyse.

Les nouvelles données peuvent être construites de deux manières :

- o Calculer les attributs (colonnes ou caractéristiques) : créer des champs calculés à partir de champs existants à l'aide d'un nœud calculé, créer un champ booléen à l'aide d'un nœud binaire ;
- o Générer les enregistrements (lignes)

La construction des données est un élément important de la préparation des données. Elle utilise des formulations mathématiques simples ou des courbes d'apprentissage (15) pour convertir des données selon différentes mesures choisies et à des fins d'analyse. De nombreuses mesures de statistiques sont disponibles : la moyenne, la médiane, le mode et la variance. Elles peuvent être facilement utilisées pour transformer les données.

1.4 L'intégration des données

Les données nécessaires à l'analyse peuvent provenir de plusieurs sources des données. Il est donc important de procéder à une combinaison de ces données grâce à des méthodes afin de créer des nouvelles données. La tâche d'intégration consiste à croiser l'information contenue dans différentes tables, ou d'autres sources, afin de créer les lignes et les colonnes de la future table.

Deux méthodes principales existent pour l'intégration de données (16):

- o L'ajout de données, qui implique l'intégration de plusieurs ensembles de données possédant des attributs semblables mais des enregistrements différents. Ces données sont intégrées en fonction d'un champ identique (tel qu'un nom de produit ou une durée de contrat) ;

- o La fusion de données, qui implique la jonction de deux ou plusieurs ensembles de données possédant des enregistrements semblables mais des attributs différents. Ces données sont fusionnées à l'aide d'un même identificateur-clé pour chaque enregistrement (tel que l'ID client).

L'intégration des données peut s'avérer complexe si l'on n'a pas suffisamment de temps à passer sur la bonne compréhension des données.

1.5 Le formatage des données

Lorsque les techniques de modélisation envisagées l'imposent, une tâche de formatage de la table de données est effectuée. L'opération de formatage se réfère principalement à des modifications syntaxiques apportées aux données qui ne changent pas de sens, mais peuvent être exigées par l'outil de modélisation. Avant de commencer la création d'un modèle, il est utile de vérifier si certaines techniques nécessitent l'application d'un format ou d'un ordre particulier aux données. Par exemple, le tri préalable des données avant l'exécution du modèle. Même si l'algorithme utilisé est en mesure de réaliser ce tri, la réalisation de cette opération au préalable permet parfois de réduire le temps de traitement en utilisant des données triées avant la modélisation.

Les différentes phases de préparation étant présentées ainsi que les problèmes qui minent cette étape. Nous présentons dans la partie qui suit, les techniques de résolution de problèmes des données manquantes et données aberrantes qui constituent aussi un des problèmes majeurs de cette étape.

2. Problèmes liés à la préparation des données et techniques de résolution

Plusieurs problèmes peuvent miner la qualité des données et ainsi biaiser l'analyse que l'on cherche à faire. Ces problèmes ont été soulevés dans la phase de préparation des données. Différents chercheurs s'y sont penchés afin de proposer quelques pistes pouvant permettre de résoudre ces problèmes. Nous allons présenter dans cette partie un récapitulatif des méthodes de traitement de ces données aberrantes, des données manquantes.

2.1 Les données aberrantes

Une valeur aberrante est une valeur qui diffère de façon significative de la tendance globale des autres observations quand on observe un ensemble de données ayant des caractéristiques communes(17). Ce sont des valeurs fausses et qui ne passent pas inaperçues. Un exemple plus simple est la valeur d'un attribut âge qui est négative.

V. Planchon (18) a utilisé les tests de discordance dans ses travaux pour remarquer si une valeur peut être considérée comme aberrante ou non. Il définit x_1, x_2,..., x_n comme étant des données ordonnées dans l'ordre croissant. Les valeurs x_1 et x_n sont respectivement l'observation extrême inférieure et supérieure. Supposons que toutes les observations sont bien issues de la distribution F. Un test de discordance peut être réalisé pour examiner si x_n doit être considéré comme significativement plus grand, c'est-à-dire statistiquement inacceptable. Lorsque le résultat du test indique que x_n n'est pas acceptable de manière statistique, on peut dire que x_n est une valeur aberrante supérieure discordante pour le niveau du test. De manière similaire, on peut démontrer des discordances pour les valeurs aberrantes inférieures x_1 ou pour une paire de valeurs aberrantes (x_1, x_n), etc.

Cependant, l'on ne doit pas adopter une attitude radicale de rejet ou d'inclusion systématique des valeurs aberrantes car le rejet peut entrainer des pertes d'informations réelles ou peut avoir des conséquences statistiques non négligeables car l'analyse est ensuite faite sur un échantillon qui n'est plus aléatoire.

L'apparition de valeurs aberrantes est due à diverses sources, d'où la complexité de l'examen des valeurs aberrantes.

On peut utiliser les techniques suivantes pour détecter les valeurs aberrantes :

- o **Contrôle sur le domaine des valeurs** : pour illustrer ce contrôle nous prenons un exemple plus précis. Supposons la note maximale dans une matière est de 20, les valeurs supérieures à 20 sont considérées comme aberrantes ;
- o **Détection graphique** (17): pour détecter la présence des valeurs aberrantes, on peut utiliser l'histogramme, le nuage des points, le

diagramme de dispersion des observations classées en fonction de leur rang ;

o **Tests de Dixon**(19): il consiste en une comparaison de la distance entre les points les plus éloignés entre les valeurs du modèle. C'est le plus utilisé des deux tests, mais il est beaucoup moins efficace dès que l'on a peu de valeurs;

o **Test de Grubbs**(20)que l'on peut énoncer comme suit : à partir des données Y_i mesurées et classées par ordre croissant, la statistique de Grubbs G est calculée pour chaque valeur extrême Y_{min} et Y_{max}

$$G_{max} = (y_{max} - \bar{y})/s$$
$$G_{min} = (y_{min} - \bar{y})/s$$

Avec S : écart-type de la série, $\bar{y}$: moyenne la série

La valeur de G est ensuite comparée à la valeur se trouvant dans la table de Grubbs et Beck : Si G ≤ valeur critique à 5% tabulée, la valeur est acceptée comme correct par le paramètre considéré ; Si G > valeur critique à 5% tabulée, et si G< valeur critique à 1% tabulée, le candidat considéré comme douteux pour une fois ; Si G > valeur critique à 1 %, le candidat est considéré comme aberrant pour le paramètre considéré.

o **La règle de la boîte de Tukey**(21): La boîte à moustaches (BOXPLOT) permet de représenter graphiquement la distribution d'une variable. On peut mettre en évidence les points extrêmes en utilisant une règle simple. Nous calculons le 1er quartile Q1 et le 3ème quartile Q3, nous en déduisons l'intervalle interquartile IQ= Q3-Q1. On dit qu'une observation est moyennement atypique (*mild outlier*) s'il est en deçà de LIF = Q1–1.5 *IQ ou au-delà de UIF= Q3+1.5*IQ (LIF : *lowr inner fence*, UIF : *upper inner fence*). Elle est extrêmement atypique si elle en deçà de LOF= Q1–3*IQ ou au-delà de UOF= Q3+3*IQ (LOF : *lower outer fence*, UOF : *upper outer fence*).

o **La méthode des corrélations** permet d'analyser les coefficients de corrélations en enlevant une valeur et en évaluant la variation du coefficient entre deux variables marginales. Cette variation permet d'identifier des valeurs aberrantes.

o **Les techniques classiques d'analyses multi variées** (analyse discriminante, analyse factorielle des correspondances, analyse en composantes principales) offrent des possibilités d'identification de valeurs anormales.

Malgré des fondements théoriques très largement développés et une bibliographie très abondante sur le sujet, on constate que la plupart des logiciels statistiques existant sur le marché sont très limités quant au traitement des valeurs aberrantes.

2.2 Les données manquantes

Le traitement des valeurs manquantes est une tâche importante dans le processus de fouille des données. I. Peng (15) a tenté d'analyser et de comparer les mécanismes et méthodes de traitement des données manquantes. Les mécanismes d'analyse des données manquants sont classés en trois (3) catégories d'après (22) :

o Données manquantes complètement au hasard (Missing completely at random MCAR) : la probabilité de donnée manquante ne dépend pas du critère Y mesuré ;

o Données manquantes au hasard (Missing at random : MAR) : la probabilité de donnée manquante dépend seulement des valeurs observées de Y ;

o Données ne manquants pas au hasard (Not missing at random : NMAR) :la probabilité de donnée manquante dépend des valeurs manquantes de Y.

Le traitement des données manquantes revêt un caractère capital car il permet d'affiner les données nécessaires à l'analyse. Cependant, ce traitement ne doit pas modifier la distribution des données. C'est pourquoi (15) recommande que toutes méthodes de traitement des données manquantes doit répondre aux règles suivantes :

o Faire de l'estimation sans biais : la méthode utilisée pour le traitement des données manquantes ne devrait pas changer la distribution des données ;

o La relation entre les attributs devrait être conservée ;

o Le Coût. Utiliser une méthode moins coûteuse en temps et pratiquement moins complexe.

Plusieurs méthodes de traitement de données manquantes existent. Elles sont reparties selon la figure suivant :

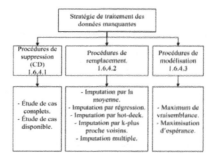

Figure 1.7 : Grandes catégories des méthodes pour le traitement des données manquantes

Les différentes méthodes de traitement des données manquantes sont basées sur le critère de gain d'information ou du classificateur bayésien naïf(23). Nous n'allons pas décrire profondément ces méthodes mais présenter un tableau récapitulatif de ces méthodes comme suit :

N°	Méthodes	Approches	Coûts	Attributs
1	**Négligence des données manquantes (case deletion CD).**Cette méthodenégligeles casavec des données manquantesetprocède à l'analysedes restes.	-----	Faible	Numérique & Nominale
2	**Probabilité de Maximisation (Maximization Likelihood ML) :** elle utilise toutes les données observées dans une base de données pour estimer la construction des moments d'ordre 1 et 2	Statistique	Faible	Numérique
3	**Moyenne / mode à entrer (Mean/Mode imputation MMI) :** elle remplace des données manquantes par le mode (attribut numérique) ou la moyenne (attribut nominal) de tous les cas observés.	Statistique	Faible	Numérique & Nominale
4	**Toutes Valeurs possibles à introduire (All Possible Values Imputation APV) :** elle consiste à remplacer les données manquantes d'un attribut donné par une des valeurs de l'ensemble des valeurs possibles de l'attribut.	Statistique	Élevé	Nominale
5	**Méthode de régression (Regression Method RM) :** elle suppose que la valeur d'une variable change d'une certaine façon linéaire (calcul des coefficients de corrélation) avec d'autres variables	Statistique	Faible	Numérique
6	**Hot (cold) deck imputation HDI :** dans cette méthode, une	ML	Faible	Numérique &

				Nominale
	valeur d'attribut manquante est remplie avec une valeur estimée de la distribution de la valeur manquante à partir des données présente			
7	**Imputation du voisin K-plus proche (K-Nearest Neighbor Imputation KNN)** : elle utilise des algorithmes de k-plus proches voisinages pour estimer et remplacer les données manquantes	ML	Élevé	Numérique
8	**Imputation multiple (Multiple imputation MI)** : elle introduit une erreur aléatoire dans le processus d'imputation et d'obtention des estimations approximative sans biais de tous les paramètres	ML	Élevé	Numérique & Nominale
9	**Decision tree C4.5** : utilisation d'un arbre de décision	ML	Moyen	Numérique & Nominale
10	**BII (Bayesian Iteration Imputation)** : utilisation d'un réseau bayésien naïf	ML	Moyen	Nominale

Tableau 1: Résumé des méthodes de traitement des données manquantes

En simulant les différentes méthodes de traitement des données manquantes, (15) est arrivé à conclure que MMI sera une meilleure méthode pour données nominales et KNN pour des données numériques. KNN, C4.5 et MMI sont les méthodes les plus couramment utilisées pour traiter les données manquantes.

Les données collectées à des fins d'extraction de connaissance peuvent contenir des défauts, et peuvent être soumises à des problèmes de non-qualité. Les sections précédentes montrent que les méthodes de mise en œuvre de la qualité des données peuvent entraîner des activités complexes et de longue haleine. C'est pourquoi il est important d'anticiper ces types de problèmes lors du processus de collecte des données. Le chapitre qui suit présente les activités du processus développement logiciel qui permettent de modéliser et de supporter l'exécution des processus métiers de l'entreprise afin d'obtenir des données.

Chapitre 2 : Le processus de développement logiciel

L'informatisation des systèmes d'information s'est imposée comme une nécessité aux organisations qui veulent accroître leurs productivités et performances. Le développement de systèmes logiciels implique généralement différents langages pour modéliser l'organisation les composants d'une application, leur comportement, les propriétés désirées, etc. Ces tâches sont très complexes et nécessitent la prise en compte de nombreux aspects et concepts liés à la maîtrise des différents domaines métiers impliqués dans le développement.

Les domaines métiers et génie logiciel forment alors les deux aspects fondamentaux du développement logiciel qu'il convient de maîtriser et qui demandent un haut niveau de compréhension et d'expertise.

C'est pourquoi, dans cette partie, il est nécessaire de faire le point sur les notions générales qui traitent de la nature des systèmes logiciels et de leur développement. Nous nous intéressons aux différentes activités du processus de développement logiciel qui permet de concevoir et de représenter les systèmes logiciels. Nous allons boucler ce chapitre par la présentation d'un état de lieux des travaux allant dans le sens de l'amélioration du processus de fouille par l'ingénierie logicielle.

1. Les activités fondamentales du processus de développement logiciel

Le processus de développement logiciel est un ensemble d'étapes partiellement ordonnées, qui concourent à l'obtention d'un système logiciel ou à l'évolution d'un système existant.

Quatre activités fondamentales sont identifiées dans le processus de développement logiciel: *spécification logicielle, conception et développement logiciel, la validation du logiciel et l'évolution du logiciel*(24). Ces activités sont décrites comme suit :

-   **La spécification logicielle** : c'est le processus de compréhension et de définition des fonctionnalités du système. Elle permet d'identifier les contraintes nécessaires au fonctionnement et au développement du système. La spécification logicielle est une étape particulièrement critique du processus SE car les erreurs commises à ce niveau auront un impact plus tard dans la conception et la mise en œuvre(25). Cette étape permet de produire un cahier de charge qui reprend les exigences du client et des utilisateurs finaux et que le concepteur développeur de la solution est tenu de respecter scrupuleusement ;

- **La conception et le développement logiciel** : cette phase permet de raffiner la spécification logicielle puis de convertir son contenu en un système exécutable. La conception et le développement logiciel constituent les principales tâches de cette phase. La conception décrit la structure du logiciel à produire, les modèles de données et les structures utilisées par le système, les interfaces et les interactions entre les composants du système et, parfois, les algorithmes utilisés. Ces travaux se font en utilisant un processus itérative et incrémentale qui permettent d'enrichir les fonctionnalités et la conception du logiciel. Le développement vise à mettre en œuvre le système conçu grâce à un outil de développement ;

- **La validation du logiciel** : elle permet de montrer que le système produit est conforme au contenu du cahier de charge et répond véritablement aux attentes des utilisateurs. L'on doit s'assurer que les processus métiers sont respectés et les structures de contrôle bien implémentées. Pour cela, plusieurs tests sont effectués pour confirmer que l'application répond vraiment aux exigences métiers. A la fin des tests, un rapport est établit pour valider cette étape ;

- **L'évolution du logiciel** : les besoins des utilisateurs évoluent et donc les systèmes mis en place doivent être flexibles. Cela permet d'insérer des mises à jour pour adapter le logiciel produit aux nouvelles exigences.

L'exécution de ces différentes activités est supportée par un langage de modélisation tel que UML (Unified Modeling Language) qu'on présente dans la section qui suit.

2. Présentation de UML

UML est un langage de modélisation graphique destiné à visualiser, analyser, spécifier, construire des logiciels orientés objets (26).

Il est aujourd'hui considéré comme un standard autant dans le milieu industriel qu'académique. Il propose un ensemble de diagrammes afin de couvrir l'ensemble des besoins de modélisation potentiellement nécessaires à la conception des logiciels, ce qui le rend relativement complet et générique.

UML utilise six modèles ayant des fonctions différentes. Le tableau suivant dresse la liste des modèles d'UML avec leurs usages.

Modèles	Utilités
Modèle des classes	capture de la structure statique
Modèle des états	exprime le comportement dynamique des objets
Modèle des cas d'utilisation	décrit les besoins de l'utilisateur
Modèle d'interaction	représente les scénarios et les flots de messages
Modèle de réalisation	montre les unités de travail
Modèle de déploiement	Précise la répartition des processus

Tableau 2: Les modèles d'UML

Ces différents modèles sont traduits par différents diagrammes. Pour couvrir la modélisation d'un projet durant tout son cycle de vie, UML propose treize diagrammes complémentaires et hiérarchiquement dépendants. Ils sont regroupés en trois catégories (diagrammes structurels, comportementaux et dynamiques) et présentés dans le tableau ci-après :

Catégorie	Diagrammes	Utilités
Diagrammes structurels ou statiques	Diagramme de classes	Représenter les classes intervenant dans le système.
	Diagramme d'objets	✓ représenter les instances de classes (objets) utilisées dans le système.
	Diagramme de composants	✓ montrer les composants du système d'un point de vue physique, tels qu'ils sont mis en œuvre (fichiers, bibliothèques, bases de données...)
	Diagramme de déploiement	✓ représenter les éléments matériels (ordinateurs, périphériques, réseaux, systèmes de stockage...) et la manière dont les composants du système sont répartis sur ces éléments matériels et interagissent entre eux.
	Diagramme des paquetages	✓ représenter les dépendances entre paquetages, c'est-à-dire les dépendances entre ensembles de définitions. ✓ un paquetage étant un conteneur logique permettant de regrouper et d'organiser les éléments dans le modèle UML
	Diagramme de structure composite	depuis UML 2.x, permet de décrire sous forme de boîte blanche les relations entre composants d'une classe.
Diagrammes comportementaux	Diagramme des cas d'utilisation	identifier les possibilités d'interaction entre le système et les acteurs
	Diagramme états-transitions	décrire sous forme de machine à états finis le comportement du système ou de ses composants

	Diagramme d'activité	décrire sous forme de flux ou d'enchaînement d'activités le comportement du système ou de ses composants
Diagrammes d'interaction ou dynamiques	Diagramme de séquence	Représenter séquentiellement du déroulement des traitements et des interactions entre les éléments du système et/ou de ses acteurs.
	Diagramme de communication	depuis UML 2.x, représentation simplifiée d'un diagramme de séquence se concentrant sur les échanges de messages entre les objets.
	Diagramme global d'interaction	depuis UML 2.x, permet de décrire les enchaînements possibles entre les scénarios préalablement identifiés sous forme de diagrammes de séquences (variante du diagramme d'activité).
	Diagramme de temps	depuis UML 2.3, permet de décrire les variations d'une donnée au cours du temps.

Tableau 3: Les diagrammes UML et leurs utilités

Etant donné qu'UML n'est qu'un langage, pour véritablement mettre en place un système logiciel, il faut l'associer à un processus.

Selon (24)&(27), différentes approches ont été proposées pour gérer les processus de développement. Ces approches, appelées cycles de vie, permettent de rationaliser les activités qui interviennent tout au long du développement et de mieux gérer les acteurs qui y participent.

Une première façon d'organiser ces activités conduit aux cycles de vie dits *prédictifs* dont des illustrations sont le cycle en V (28) ou le cycle en Cascade (29).

Ces cycles ont fait leur preuve grâce à la rigueur qu'ils imposent et au niveau d'efficacité dans le développement de produits (30). Cependant, dans certains secteurs, où il y a un décalage entre une planification rigoureuse et les besoins réels pouvant amener les acteurs à refuser les changements non prévus et conduire à l'échec du projet de développement, ces cycles ont montré leurs limites. En plus, ces cycles prédictifs souffrent souvent d'un manque de visibilité sur l'avancement du travail effectué. Un projet de développement se planifie sur plusieurs mois, voire plusieurs années, et peut être comparé à une boîte noire. Ce qui rendrait difficile la quantification de la véritable durée que demandera une activité ainsi que les retards qui en découleront.

Fort de ces problèmes, d'autres approches ont vu le jour. Des approches *itératives* telles que Unified Process (UP), Rational Unified Process (RUP) et agiles telles que eXtreme Programming (XP), Scrum décrits dans (31) et (32) apportent alors un nouveau point de vue sur la gestion du processus de développement et sa planification.

Les approches agiles et itératives s'articulent autour de deux points clefs :

✓ L'introduction du principe de l'itération au sein du processus de développement. Ce qui permet d'indiquer l'état d'avancement à chaque itération

✓ Le replacement des acteurs du développement au centre des processus tout en favorisant les interactions au sein de l'équipe ainsi qu'avec le client

Quel que soit le type de cycle de vie, l'équipe joue un rôle primordial. Elle se situe au centre de la réalisation et est dirigée par un Chef de projet qui est le principal responsable du développement. Il s'entoure d'une équipe définie en fonction des compétences nécessaires à la réalisation du processus de développement. Les acteurs récurrents sont par exemple : *l'analyste, le concepteur, le développeur, le testeur, etc.*

3. Les processus Unifiés (Unified Process UP)
a) *Définition*

Le processus Unifié (33) est un cycle de développement qui se positionne entre les approches prédictives et les approches agiles. Ce cycle de vie est né de l'approche orientée objet issue de la collaboration de Ivar Jacobson, Grady Booch et James Rumbaugh.

On appelle processus unifié, un processus de développement logiciel qui est itératif, incrémental, centré sur l'architecture, conduit par les cas d'utilisation et piloté par les risques.

- *Itératif et incrémental*: l'itération est une répétition d'une séquence d'instructions ou d'une partie de programme un nombre de fois fixé à l'avance ou tant qu'une condition définie n'est pas remplie, dans le but de reprendre un traitement sur des données différentes. Chaque itération peut servir aussi à ajouter de nouveaux incréments.

- *Conduit par les cas d'utilisation :* le but principal d'un système informatique est de satisfaire les besoins du client. Le processus de développement sera donc accès sur l'utilisateur. Les cas d'utilisation permettent d'illustrer ces besoins. Ils détectent puis décrivent les besoins fonctionnels (du point de vue de l'utilisateur), et leur ensemble constitue le modèle de cas d'utilisation qui dicte les fonctionnalités complètes du système.

- *Piloté par les risques* : en définissant des priorités pour chaque fonctionnalité, l'on peut minimiser les risques.

- *Centré sur une architecture* : dès le démarrage du processus, on aura une vue sur l'architecture à mettre en place. L'architecture d'un système logiciel peut être décrite comme les différentes vues du système qui doit être construit. Elle émerge des besoins de l'entreprise, tels qu'ils sont exprimés par les utilisateurs et autres.

L'objectif d'un processus unifié est de maîtriser la complexité des projets informatiques en diminuant les risques.

UP définit une démarche de développement intégrant les neuf disciplines majeures nécessaires au développement : la *modélisation métier*, la *définition des exigences*, *l'analyse et la conception*, *l'implantation*, *les tests*, le *déploiement*, la *gestion des changements*, la g*estion du projet* et enfin *la prise en compte de l'environnement*. Basé sur ces disciplines qui seront employées à chaque itération, le processus de développement va alors pouvoir suivre les quatre phases du processus qui consistent en :

1. Le *début* dont l'objectif est d'unifier les points de vue de chacune des disciplines sur l'ensemble du projet.
2. *L'élaboration* qui a pour objectif de définir et de valider l'ensemble des modèles permettant la conception du système logiciel.
3. *La construction* qui doit fournir une version documentée et fonctionnelle du logiciel.
4. *La transition* dont le but est de finaliser le système.

b) *Le cycle de vie en Y (processus 2TUP) :*

La méthode 2TUP (34) est une méthode de développement en Y. Son intérêt est de séparer les préoccupations concernant les aspects fonctionnels liés au domaine métier et les aspects techniques liés aux solutions technologiques à employer pour la mise en œuvre.

- **La branche fonctionnelle** : Les activités de la branche fonctionnelle commencent par la capture des besoins fonctionnels. Elle permet d'obtenir un modèle de besoins centré sur le métier des utilisateurs, éliminant ainsi les risques de produire une solution inadaptée à leur besoin. Ensuite, l'étape de spécification permettra de décrire la constitution et le fonctionnement du système attendu à travers le contexte et les cas d'utilisation. L'analyse, enfin, consistera à étudier les spécifications pour savoir ce que le système va réellement réaliser en termes de métier ;
- **La branche technique** : cette étape consiste à recenser les outils, les matériels et les technologies à utiliser pour le développement et l'exploitation du système. Les

contraintes (contraintes d'adaptation avec l'existant, contraintes de temps de réponse, contraintes de sécurité..) en vue d'obtenir une première conception de l'architecture technique sont aussi définies. La conception générique quant à elle, consiste à effectuer un découpage en composants nécessaires à la construction de l'architecture technique ;

- **La phase de réalisation** : elle débute par une étape de conception préliminaire (étape délicate) pendant laquelle le modèle d'analyse issue de la branche fonctionnelle sera intégré dans l'architecture technique. Il s'agit de déterminer dans quel composant technique mettre les fonctionnalités issues de l'analyse. Puis, chaque fonctionnalité fera l'objet d'une conception détaillée avant d'être codée et testée progressivement. L'étape de la recette permettra de valider les fonctions du système développées et le déploiement permettra enfin de le mettre en exploitation.

Figure 2-1: processus 2TUP

c) RUP (Rational Unified Process)

RUP est l'une des plus célèbres implémentations de la méthode UP (Unified Process). Elle donne un cadre au développement logiciel qui permet d'allier la philosophie Agile et la modélisation répondant aux exigences fondamentales préconisées par les créateurs d'UML (Unified Modeling Langage). RUP est un procédé de génie logiciel fournissant une approche disciplinée d'assignement des tâches et de responsabilités dans une organisation de développement dans le but de produire des logiciels de haute qualité, en respectant le budget et le temps alloué (33). Le procédé de RUP est représenté sur deux dimensions : la dimension horizontale ou temporelle qui représente le déroulement du procédé en phases, itération et étapes et la dimension verticale qui désigne les différents cycles de développement (activités ou workflows) du procédé (figure ci-dessous).

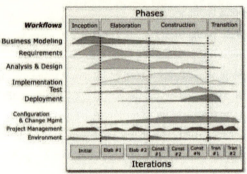

Figure 2-2 : Dimension du processus RUP

Chaque cycle du procédé se déroule en quatre phases. Chacune de ces phases se déroule à son tour en plusieurs Itérations. La conséquence de chaque itération est une évolution du projet en cours et une meilleure compréhension du système alors que chaque phase doit se conclure par un objectif bien déterminé. Les phases sont limitées par l'atteinte de l'objectif tracé tandis que les itérations sont limitées par le temps.

RUP peut déterminer lors de la phase analyse quels composants vont faire partie du système puis les assembler dans la phase implémentation. Cependant, un procédé clair de sélection n'est pas défini et les composants sont considérés comme de simples artefacts et aucune activité ne leur est spécifiquement dédiée.

4. Le Manifeste Agile

A) Aperçu de la méthode agile

Un grand nombre de projets informatiques échouent : dépassement de budget, de délais, insatisfaction du client, anomalies... etc. Dans la plupart des cas, la cause de ces problèmes est la méthode de gestion de projet employée : cycle en V ou cycle en cascade. Les méthodes agiles apportent une solution nouvelle en repensant la relation client/fournisseur de façon à donner plus de place aux futurs utilisateurs.

Se voulant plus pragmatiques que les méthodes traditionnelles, les méthodes agiles impliquent au maximum le demandeur (client) et permettent une grande réactivité à ses demandes.

Les méthodes agiles ont un principe : permettre aux utilisateurs de bénéficier des mises en œuvre dans les délais maîtrisés, en leur donnant la possibilité de suivre toutes les étapes du développement. Ce qui leur permet d'avoir un résultat concret issu d'un développement qui fournit des morceaux du logiciel dans les brefs délais contrôlés.

D'après (35), le modèle générique de la vision Agile se présente comme suit :

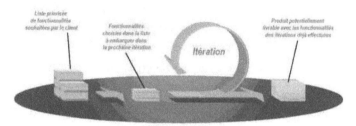

Figure 2-3: vue globale du cycle de vie Agile

Ce cycle de vie permet de livrer de façon successive les fonctionnalités souhaitées par le client. Chaque itération permet de fournir un produit livrable, utilisable, comprenant les fonctionnalités des itérations effectuées

B) Les méthodes de développement Agile

Il existe un certain nombre de méthodes respectant les critères du manifeste Agile. Dans cette partie, il sera question de faire une description de ces méthodes dont leurs mises en pratique ont prouvé leur efficacité.

1. Scrum

Elle a été créée par Ken Schwaber et Jeff Sutherland en 1996. Scrum est la méthode agile la plus répandue. Le principe de base de Scrum est d'impliquer le client comme membre de l'équipe, de le focaliser sur un ensemble de fonctionnalités à réaliser dans des itérations de durée fixe de deux à quatre semaines (appelées *sprint*) et de fournir un produit partiel fonctionnel à chaque itération. Par contre, la méthode Scrum ne propose aucune technique d'ingénierie du logiciel comme des normes ou pratiques de développement. Il est nécessaire de lui adjoindre une méthode complémentaire.

La méthode Scrum s'appuie sur la notion de **Visibilité** pour qualifier et quantifier les résultats de l'équipe. Des **critères de validation** doivent exister afin de définir si une fonctionnalité a été complètement réalisée ou non. Des **critères d'Inspection** doivent être définis afin de déterminer l'existence d'écarts entre la réalisation concrète et l'objectif final. Enfin, la **notion d'Adaptation** permet, lors d'écarts trop importants détectés pendant des Inspections, de modifier la gestion interne de l'équipe afin d'éviter que ces écarts ne s'amplifient.

2. Extreme Programming (XP) :

Elle a été mise en place par Kent Beck, en collaboration avec Ward Cunningham et Ron Jeffries sur un projet pour la compagnie Chrysler dans les années 1990. C'est en 1999 qu'est officialisée la méthode XP avec la sortie du livre « **eXtreme Programming explained** ». L'idée principale est de pousser à « *l'extrême* » certaines pratiques de développement. Cette méthode est souvent utilisée de pair avec la méthode Scrum car elle ne définit pas réellement une organisation complète du projet. Elle recherche l'efficacité maximale en concentrant l'effort de travail sur l'objectif de développer le bon logiciel et de ne pas s'égarer. La démarche est légère, pragmatique, disciplinée, empirique et adaptative (36)

Jusqu'ici, nous avons décrit les activités qui jalonnent le développement logiciel ainsi que la façon de modéliser ces activités. La mise en œuvre de ces activités nécessite l'utilisation des langages de modélisation, des techniques et des méthodes bien définis. La partie qui suit va nous permettre de présenter les travaux allant dans le cadre de l'amélioration du processus de fouille de données en intégrant les aspects de l'ingénierie logicielle.

5. Impacts des processus SE dans un processus DM

Vu la croissance en nombre, variété et complexité des projets impliquant la fouille de données et l'extraction des connaissances, l'intégration des aspects ingénieries logicielles constitue un véritable apport.

Dans (37), les auteurs ont tenté de faire la correspondance des tâches du processus de fouille à celles de l'ingénierie logicielle. Cette correspondance est basée sur les normes ISO 12207 et IEEE Std. 1074 couplé au processus CRISP-DM. De cette comparaison, il ressort que plusieurs tâches du processus SE ne sont pas prises en compte par processus DM. Selon ces auteurs, les activités qui manquent dans CRISP-DM sont principalement les processus de gestion de projet, les processus intégrés(qui assure la fonction d'exhaustivité et la qualité du projet)et des processus organisationnels(qui aident à atteindre une organisation plus efficace).

Les travaux de (38) ont montré l'importance de l'utilisation du processus de développement AgileKDD. Ce processus permet de développer des systèmes capables d'extraire des connaissances cachées dans les bases de données. Ils ont montré, comment le processus de développement Agile dans sa version AgileKDD peut améliorer le processus de fouille de données CRISP-DM (39). L'agile KDD définit un cycle de vie du projet selon la figure ci-dessous.

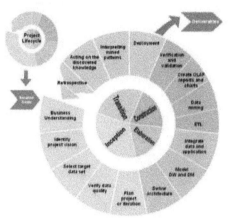

Figure 2-4 : Cycle de vie du processus Agile KDD

La combinaison du processus Agile KDD avec le processus de fouille de données peut permettre une amélioration significative de la découverte des connaissances dans un entrepôt des données. Cette amélioration est décrite à travers les différentes phases incluses dans le cycle de vie de ce processus:

- ✓ **La phase d'inception** (de création) qui a pour but la compréhension du domaine, permet d'avoir a priori une connaissance appropriée identifiant le but du projet de Business Intelligent (BI) du point de vue du client;
- ✓ **La phase d'élaboration** du processus Agile permet de définir l'architecture et le design du système, la modélisation et l'intégration des données de l'application ;
- ✓ **La phase de construction** : elle commence avec la mise en place de l'ETL (Extract Transform Load). Cette phase de construction du modèle coïncide avec celui de la mise en place de l'ETL qui extrait, nettoie, intègre les données sélectionnées de la base de données du système opérationnel ;
- ✓ **La phase de transition** : dans cette phase, le déploiement du logiciel et de la connaissance a lieu.

Le processus RUP est utilisé pour améliorer le processus CRISP-DM car il souvent utilisé dans la construction des entrepôts de données (13). En plus, les exigences d'un projet sont exprimées en termes de cas d'utilisation et fonctionnalités qui servent de guide tout au long du processus de développement, ce qui n'est pas pris en compte par le CRISP-DM.

La figure ci-dessous montre une comparaison des tâches et cycle de vie processus RUP et CRISP-DM

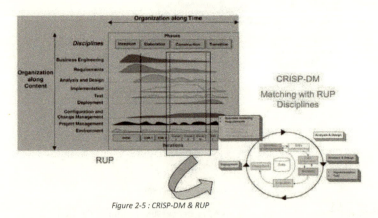

Figure 2-5 : CRISP-DM & RUP

Les résultats globaux après adaptation du RUP au CRISP-DM sont les suivants:

✓ Les processus et les tâches qui ne sont pas couverts par le CRISP-DM peuvent être couverts et organisées selon les disciplines RUP.

✓ RUP est la version des Processus Unifié Agile qui devrait être utilisée pour la plupart des projets de fouille de données(40), car il est itératif et incrémental et couvre la plupart des activités du processus de développement logiciel. Ce qui permet de raffiner chaque étape afin d'obtenir un modèle performant.

✓ RUP prend en charge les spécifications formelles d'UML. UML est un langage commun pour les clients, les utilisateurs finaux et les développeurs. Ceci est d'une importance vitale pour les projets de fouille de données où il y a un contact permanent avec le client et un langage commun doit être utilisé.

✓ RUP définit les rôles, les compétences et les artefacts à utiliser dans chaque tâche, un autre des points manquants du CRISP-DM.

Néanmoins, l'on doit faire attention lorsqu'on modélise les tâches métiers utilisant RUP car, le problème clé du CRISP-DM est la façon de lier les résultats du datamining au retour sur investissement pour l'entreprise où le processus est appliqué. En d'autres termes, comment lier la phase de déploiement avec la phase de compréhension du métier.

Conclusion

Les différents travaux décrits dans cette section montrent comment l'on peut faire correspondre les tâches du processus DM à celles du processus SE afin d'améliorer son déroulement. Ces travaux n'intègrent pas l'idée de contrôle a priori qu'il faut mettre en œuvre lors de la collecte des données utiles au processus DM. Ce qui veut dire que malgré ces apports, les problèmes liés à la préparation des données vont toujours subsister car aucune procédure n'est mise en place pour les éviter.

Fort de cela, nous allons dans le chapitre suivant mettre en place un modèle visant à prendre en compte a priori ces besoins. L'objectif est d'anticiper les problèmes se trouvant dans le processus de fouille par le processus de développement logiciel afin de tenter de limiter la présence des valeurs aberrantes et des données manquantes, etc.

Chapitre 3 : Amélioration du processus DM
par le génie logiciel

Les sociétés et les administrations créent et stockent une grande quantité de données. Ces données sont recueillies sans tenir compte en amont des besoins liés au processus de fouille des données. C'est pourquoi lorsqu'on veut les utiliser dans un processus de fouille, plusieurs manquements sont détectés. Ces manquements concernent les données manquantes, les données aberrantes, les incohérences des données, etc. qui sont déjà décrit dans le premier chapitre. Il est évident qu'une mauvaise qualité de ces données ait un impact sur la qualité de fouille.

L'hypothèse que nous formulons est la suivante : le processus de développement qui produit le logiciel et les données doit prendre en compte a priori les besoins liés à l'activité de préparation des données du processus de datamining. Dans le cas contraire, une perte de temps sera forcément constatée lors du déroulement de la phase de préparation des données nécessaires à l'analyse.

Le présent travail de recherche vise à améliorer les phases de préparation des données du processus de fouille par un processus de génie logiciel. Nous utilisons les activités du processus de développement logiciel pour les coupler au processus DM afin d'obtenir un modèle prenant en compte a priori les besoins de fouille.

1. Proposition d'un modèle de processus de fouille et du génie logiciel

Dans la littérature actuelle, il n'est pas clairement fait mention du couplage des processus du génie logiciel et de la fouille de données. Néanmoins, l'on doit reconnaitre que ces modèles sont fortement liés d'autant que les données utilisées par le processus de fouille sont issues généralement des bases de données ou des entrepôts de données. Ces données sont produites par un logiciel mis en place en utilisant un processus de développement.

Généralement, le processus de fouille des données est exécuté après le déroulement du processus de développement logiciel. Il sera question dans cette partie du mémoire, de proposer la conception d'un nouveau modèle de fouille de données dont le déroulement se fait en parallèle avec le processus de développement. Les modifications proposées concernent surtout les phases « **compréhension des données** » et « **préparation des données** » du processus DM afin d'améliorer l'efficacité de ces dernières.

Le modèle de processus DM proposée est appelé **Modèle de Préparation et de Fouille des Données (MPFD)** en anglais **Data Preparation and Mining (DPM).** Cependant, l'utilisation de ce modèle requiert des conditions. Il faut que l'entreprise ou l'organisation désirant l'utiliser ait en temps des besoins et des exigences liés à :

- La définition des besoins métiers spécifiques pour lequel le logiciel a été développé ;
- La définition des problèmes de fouille de données concernant ces mêmes besoins métiers spécifiques.

Les interactions entre le MPFD et le processus de développement logiciel sont représentées dans la figure 3.1.

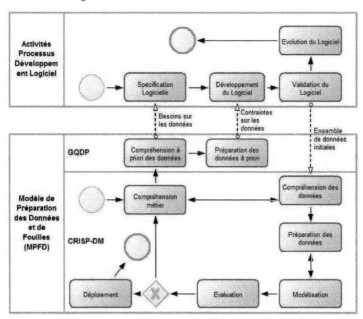

Figure 3-1 : Modèle de processus DPM couplé au Processus SE

Dans notre proposition, le processus SE ne subit pas un changement. Toutefois, les nouvelles exigences liées à la définition du problème d'extraction de données sont définies en plus des exigences traditionnelles telles que la nécessité de soutenir les processus métiers des clients.

Le processus MPFD est divisé en deux sous-processus : le traditionnel **processus CRISP-DM** et le processus de **Gestion de la Qualité des Données a Priori**(**GQDP**) en anglais **Prior Data Quality Management (PDQM).** Le logiciel produit par le procédé SE aura la capacité d'automatiser la collecte de données initiale à utiliser dans le processus CRISP-DM.

Le sous-processus PDQM se compose de deux phases:

- **La phase de compréhension des données a priori (Prior Data Understanding)** qui vise à définir les exigences relatives à la façon dont le logiciel sera utilisé pour anticiper les problèmes de qualité des données dans la collecte de l'ensemble de données initial. Les exigences sont fondées sur le risque que les données manquent ou contiennent des valeurs erronées ou aberrantes.

- **La phase de préparation des données a priori(Prior Data Preparation)**vise la définition, la conception et l'implémentation des contraintes qui seront intégrées au niveau de activités de développement du processus de SE. Ces éléments de conception et de mise en œuvre reposent sur des méthodes définies dans la littérature pour la détection et la gestion des problèmes de qualité des données telles que les données manquantes, les valeurs aberrantes, incohérentes ou données variant dans le temps.

Après la validation du logiciel, les données produites sont fournies à la phase de compréhension de données (Data understanding) du processus CRISP- DM via des bases de données ou un entrepôt de données (Datawarehouse).

La principale contribution de GQDP, sous-processus dans le processus MPFD, est l'anticipation et l'automatisation de toutes les activités nécessaires pour éliminer les problèmes de qualité de données. Pour mesurer l'importance de cette automatisation, il faut considérer des potentielles exécutions répétées des activités de gestion de la qualité des données et l'accumulation de la complexité des efforts générés par cette répétition. En effet, la répétition des activités de gestion de la qualité des données peut résulter de la nécessité de mettre à jour un modèle. La définition d'un plan de suivi et de maintenance est une étape dans la phase de déploiement du processus CRISP-DM. Le plan est de déterminer si l'on doit continuer d'utiliser ou non le modèle (41) . Cette décision est fondée sur des critères tels que la validité du modèle, le seuil de précision, les nouvelles données, le changement dans le domaine d'application, etc. Si le modèle proposé ou le résultat de fouille n'est plus utile, l'ultime solution serait de mettre à jour le modèle ou de mettre en place un nouveau projet de fouille des données (41).

Le processus MPFD que nous proposons sera particulièrement intéressant lorsqu'il est appliqué dans des cas où le modèle devrait être mise à jour à l'aide des nouvelles données. En effet, les mécanismes de contrôle de la qualité des données fournies par le logiciel produit par la combinaison des processus de SE et de MPFD resteront fonctionnels quel que soit le nombre de fois où le modèle doit être mis à jour. Plusieurs techniques de fouille de données en apprentissage supervisée (arbres de décision (42),réseaux bayésiens(43)) ou non supervisée (algorithmes de clustering (42))supportent naturellement l'apprentissage incrémental (c'est-à-dire la mise à jour des modèles). L'apprentissage incrémental signifie qu'il faut intégrer progressivement les données nouvellement insérées (mise à jour de la base de données) dans le modèle existant au lieu de reconstituer totalement un nouveau modèle (44) .

2. **Exemple d'application du modèle proposé**

L'exemple illustratif pour démontrer l'applicabilité du processus MPFD est tiré d'un projet logiciel d'un établissement d'enseignement supérieur ESP (Ecole Supérieure Polytechnique de Dakar).

Notre approche se focalise sur l'utilisation des procédés du génie logiciel pour tenter d'améliorer l'opération de fouille. Pour cela, nous devons respecter les quatre activités établies par le génie logiciel en allant des spécifications du logiciel à la validation et utilisation en passant par le développement logiciel.

2.1 Spécification logicielle (Software spécification)

Les fonctionnalités du logiciel à construire sont regroupées en deux modules : l'établissement des emplois de temps et la délibération.

La figue 3.2 présente le diagramme initial de cas d'utilisation du module de délibération. Ce premier diagramme est celui lié aux objectifs métiers spécifiques pour lesquels le logiciel est développé. Il n'inclut pas les exigences pour le problème de DM. L'ESP a deux sessions d'évaluation : une première en juillet et la seconde en octobre pour les étudiants n'ayant pas pu valider la première. Les notes obtenues pendant ces sessions sont utilisées dans le calcul de la moyenne générale pour chaque étudiant. Les notes de la deuxième session sont enregistrées en mettant à jour les notes de la première session. Cette solution a été adoptée dans les spécifications du logiciel parce qu'elle est suffisante pour le calcul des moyennes.

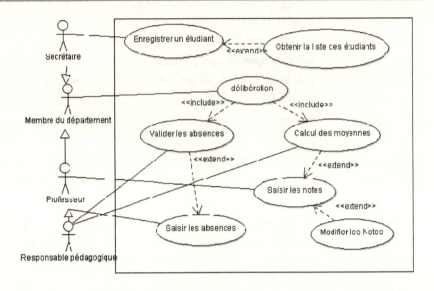

Figure 3-2: Diagramme de class initial pour le module de délibération

2.2 Compréhension métier (Business understanding)

La compréhension métier du processus CRISP-DM vise à la définition des objectifs et exigences du projet que nous mettons en œuvre dans notre étude.

En plus des besoins liés à la gestion opérationnelle des formations, le client (dans notre cas c'est l'ESP)a formulé des besoins de découverte de connaissances sur les facteurs de succès ou d'échec dans l'éducation de ses étudiants. L'application du processus DPM en parallèle au processus SE pour traiter ce genre de problème a été donc proposée. L'objectif principal du processus DM est de créer un modèle pour être utilisé comme un outil dédié à détecter des meilleurs candidats dans le processus de recrutement des étudiants. Ce modèle est construit pour la prédiction de la réussite scolaire d'un étudiant en fonction de ses caractéristiques, son école ou son environnement social. Dans la définition de la réussite scolaire, une distinction doit être faite entre l'exclusion pour des résultats insatisfaisants, le redoublement de l'année scolaire, la réussite scolaire à la première session d'examen et la réussite scolaire au cours de la session d'examen de rattrapage.

2.3 Compréhension a priori des données (Prior Data Understanding)

Cette phase permet de résoudre les problèmes liés aux données variant dans le temps et les données aberrantes.

Nous avons défini dans nos spécifications qu'il y a deux sessions. Si nous utilisons le diagramme de cas d'utilisation de la figure 3.2, nous serons amenés lors de la saisie des notes de la seconde session à supprimer les notes de la première session pour les remplacer par celle de la nouvelle session. Or, ce remplacement conduit à une perte d'informations qui peuvent être importantes pour la découverte de connaissances. Pour prendre en compte les besoins de découvertes de connaissances dans le processus SE, nous avons remplacé l'ancien diagramme de cas d'utilisation (Figure 3.2) par un nouveau (Figure 3.3). Les cas d'utilisation « saisir les notes de la 1ère session »et «saisie notes la 2nde session »permettent d'avoir de l'information variant dans le temps qui est correctement enregistrée en deux valeurs distinctes. La dimension temporelle est représentée ici par les sessions.

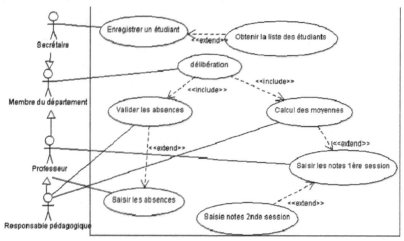

Figure 3-3: Diagramme de cas d'utilisation modifié du module délibération

Si nous considérons le diagramme de cas d'utilisation initial, le diagramme d'activité représentant le cas d'utilisation « saisie de notes »doit être différent de celui qui représente le cas d'utilisation « Modifier les notes ». Par contre en tenant compte de la modélisation des processus basée sur la nouvelle version du diagramme de cas d'utilisation de la figure 3.3, nous pouvons établir un diagramme d'activités unique représenté par la figure 3.4 qui décrit les deux cas d'utilisation. Ainsi, la saisie de note d'un étudiant devient uniformisée. Il suffit à l'enseignant de spécifier la session concernée dans l'activité « choix d'une session » selon la figure 3.4.

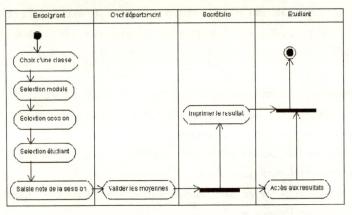

Figure 3-4 : Diagramme d'activité « saisie des notes »

Les exigences de la base de données sont décrites dans la modélisation conceptuelle de données MCD (Conceptuel Design Data : CDD). Le MCD donne une description très détaillée des données qui seront stockées dans la base de données, avec toutes les contraintes sur les données(45).

Notre application doit être capable d'effectuer certains contrôles avant de valider la saisie d'une donnée. Ceci pour aider à limiter l'apparition des valeurs aberrantes. Nous devons donc mettre en œuvre des contraintes d'intégrité liés aux domaines. Lorsqu'on saisit les informations sur les étudiants, on doit s'assurer que les attributs sont remplis conformément à nos exigences métiers. On doit par exemple forcer la saisie des attributs du sexe à des valeurs bien précises, tout comme la saisie des notes de la 1ère ou 2nde session. On doit s'assurer que les notes soient comprises dans l'intervalle de 0 à 20 par exemple.

Les différentes contraintes doivent être explicitement décrites dans le dictionnaire des données. Le dictionnaire de données recense l'ensemble des données élémentaires se rapportant strictement au domaine étudié. Se conformant à notre exemple, nous pouvons établir le dictionnaire des données qui suit :

Noms	Description	Type	Formats	Contraintes
ClasseID	Identifiant de classe	Entier		numéro auto
Coeff	coefficient du module	Entier		
DateEval	Date de l'évaluation	Date	jj/mm/aaaa	
Email	Adresse mail de l'étudiant	Texte		
EtudiantID	Identifiant étudiant	Entier		numéro auto
EvaluationID	Identifiant de l'évaluation	Entier		numéro auto
LibelleMod	Libellé Module	Texte		
LibelleSess	Libellé de la session	Texte	1ère ou 2nde session	
ModuleID	Identifiant module	Entier		numéro auto
NomClasse	Libellé de la classe	Texte		
NomEtud	Nom de l'étudiant	Texte		
Notes	note de l'étudiant	Réel		[0-20]
SessionID	Identifiant de la session	Entier		numéro auto
Sexe	Sexe de l'étudiant	Texte		[F, M, Masculin, Féminin]
Tel	Téléphone	Numéro	XX-XXX-XX-XX	

Tableau 4: Dictionnaire des données pour notre exemple

Nous utilisons la notion des dépendances fonctionnelles et la théorie de normalisation(46) pour déduire les classes. Cinq classes ont été identifiées :

- **Etudiant** : cette table permet d'enregistrer les informations concernant un étudiant donné. Chaque étudiant est caractérisé par son nom, son numéro de téléphone, le sexe, adresse email, et le matricule de l'étudiant (EtudiantID) qui est unique ;

- **Evaluation** : qui stocke la date de déroulement de l'examen ;

- **Sesion** : cette table permet d'enregistrer les sessions selon qu'il s'agisse de la première ou la seconde session ;

- **Modul** : qui permet de saisir les informations concernant l'intitulé de la matière ;

- **Classe** : qui permet d'indiquer la classe de l'étudiant.

A partir de ces classes, on peut schématiser le diagramme de classe comme suit :

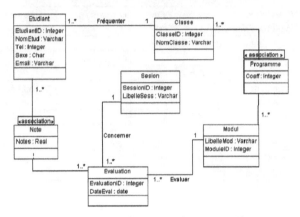

Figure 3-5 : Diagramme de classe du système de gestion de note

2.4 Préparation a priori des données (Prior Data Preparation)- Conception

La phase de préparation des données a priori a apporté des changements à la fois dans la conception des composants et la conception de la base de données. L'étude des dépendances permet aux concepteurs de bases de données de structurer l'information en garantissant un minimum de redondances, d'anomalies engendrées par les opérations de mises à jour (principe de stabilité), et de contradictions entre les informations (principe de cohérence).

La conception de la base de données consiste essentiellement en un modèle logique de données obtenues dans la phase de conception de l'activité de développement du processus de SE. Le modèle logique des données est obtenu par transformation du modèle conceptuel de données en un schéma de base de données correspondant à un modèle supporté par un Système de Gestion de Base de Données choisi (SGBD). Dans notre exemple applicatif, seuls les SGBD relationnels ont été pris en compte. Par conséquent, lors de l'étape de conception logique notre tâche consiste à convertir le diagramme de classes UML de la figure 3.5 en un schéma de base de données relationnelles (voir Figure 3.6). Nous avons suivi les règles de transformation d'un modèle logique en schéma de base de données(46) pour obtenir le modèle de relation ci-dessous :

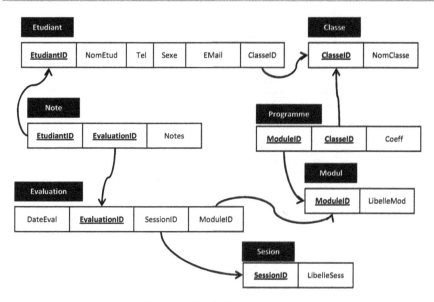

Figure 3-6: Modèle relationnel des données du système de gestion de note

Notre objectif n'est pas de développer toute l'application, mais de prendre en compte les besoins de fouille et les matérialiser dans notre cas précis. Nous avons spécifié dans notre dictionnaire le domaine des valeurs que doivent prendre certaines champs pour limiter l'apparition des valeurs aberrantes à travers les saisies. Pour amener l'utilisateur à respecter ces aspects, nous allons au moment de l'implémentation de la base de données, mettre en œuvre ces différentes contraintes.

2.5 Développement Logiciel

Pour mettre en œuvre la solution proposée, il faut choisir un environnement de développement adéquat, interopérable et libre. Le système de gestion de base de données utilisé doit avoir une capacité de stockage très grande. Il doit aussi supporter la mise en place des ETL (Extract Transform Loading) qui alimenteront l'entrepôt des données.

Dans le processus SE, l'activité développement logiciel est scindée en deux parties : la conception et l'implémentation du logiciel (24). La partie conception des données est prise en compte dans la section précédente à travers le modèle logique. Dans cette section, nous présentons surtout la partie implémentation des données. L'implémentation des contraintes formulées dans le dictionnaire des données passe par la mise en œuvre des codes SQL au moment de la mise en place de la base de données.

Nous présentons ici les codes concernant les tables affectées par les contraintes du dictionnaire de données.

Lorsqu'on analyse le dictionnaire des données, on se rend compte que le champ « Notes » doit comporter des réels variant de 0 à 20 pour respecter les règles métiers. Pour éviter qu'il y ait des erreurs ou des valeurs aberrantes lors des saisies, nous devons contrôler ce type de champ. Ainsi, nous mettons en place une commande SQL qui crée la table Note en contrôlant le champ « notes » avec une contrainte de vérification CHECK. Il en sera de même pour le champ « sexe » de la table « Etudiant ». On doit créer un domaine « *sexe_val* » avec des valeurs précises (F, M, Masculin, Féminin). Cela va contraindre l'utilisateur à saisir des valeurs respectant le domaine mis en place.

Table Note:
```
CREATE TABLE Note(
EtudiantID   int,
EvaluationID    int,
Notes real
CONSTRAINT plage_de_note
CHECK (notes BETWEEN 0 AND 20)notnull,
constraint PK_T_NOTE primarykey  (EtudiantID, EvaluationID));
```

La plage de note définit est de 0 à 20, toute insertion des données dans cette table avec des valeurs du champ « notes » n'appartenant pas à cette intervalle est rejetée. Nous essayons cette contrainte en exécutant la commande SQL suivante pour insérer les données :

```
insertinto note values(1,1,-15);
```

Nous obtenons le message d'erreur suivant :

```
Msg 547, Level 16, State 0, Line 2
The INSERT statement conflicted with the CHECK constraint "plage_de_note". The conflict
occurred in database "db_maj", table "dbo.Note", column 'Notes'.
The statement has been terminated.
```

Le système de gestion de base de données nous souligne qu'il y a conflit des valeurs avec la plage de note définit dans la table Note. Nous avons donnée pour le champ notes la valeur -15, voilà pourquoi ce rejet. Si ce contrôle n'est pas fait, l'on peut se retrouver plus tard avec une base de données dans laquelle les étudiants ont des notes négatives. Ce qui n'obéit pas à nos besoins métiers et en plus peut biaiser l'analyse.

Nous créons le domaine pour les valeurs du sexe en utilisant la commande suivante :

```
CREATE DOMAIN sexe_val CONSTRAINT valeur_sexe
CHECK (VALUE IN 'm','f','masculin','féminin');
```

Le domaine étant créé, nous pouvons créer la table Etudiant tout en intégrant la contrainte sur le champ sexe qui doit avoir pour type notre domaine crée (sexe_val)

Table Etudiant:
```
createtable Etudiant(
EtudiantID   intidentityprimarykey,
NomEtud    Varchar(32)notnull,
Tel    varchar(30)notnull,
sexe sexe_val notnull,/*la valeur du champ sexe doit etre dans le domaine
sexe_val */
Email varchar(32)notnull,
ClasseID int);
```

Les commandes suivantes résument la création des différentes tables ainsi que les contraintes concernant les clés étrangères et primaires :

Table Evaluation:
```
createtable Evaluation(
EvaluationID   intidentityprimarykey,
DateEval    Datenotnull,
SessionID Int,
ModuleID int);
```

Table Classe:
```
createtable Classe(
ClasseID   intidentityprimarykey,
NomClasse  Varchar(32)notnull);
```

Table Modul:
```
createtable Modul(
ModuleID    intidentityprimarykey,
LibelleMod   Varchar(32)notnull
);
```
Table Programme:
```
createtable Programme(
ModuleID int,
ClasseID  int,
Coeff   intnotnull,
constraint PK_T_CLIENT_CLI primarykey   (ModuleID, ClasseID)
);
```
Table Sesion:
```
createtable Sesion(
SessionID  intidentityprimarykey,
LibelleSess   Varchar(32)notnull
);
```

Ajout des clés étrangères

```
ALTERTABLE Programme ADDCONSTRAINT ModuleID
FOREIGNKEY (ModuleID)
REFERENCES Modul(ModuleID);

ALTERTABLE Programme ADD
CONSTRAINT ClasseID
FOREIGNKEY (ClasseID)
REFERENCES Classe(ClasseID);
```

```
ALTERTABLE Evaluation ADD
CONSTRAINT SessionID
FOREIGNKEY (SessionID)
REFERENCES Sesion(SessionID);

ALTERTABLE Evaluation ADD CONSTRAINT ModuleID
FOREIGNKEY (ModuleID)
REFERENCES Modul(ModuleID);

ALTERTABLE Note ADD
CONSTRAINT EtudiantID
FOREIGNKEY (EtudiantID)
REFERENCES Etudiant(EtudiantID);

ALTERTABLE Etudiant ADD CONSTRAINT ClasseID
FOREIGNKEY (ClasseID)
REFERENCES Classe(ClasseID);

ALTERTABLE Note ADD CONSTRAINT  EvaluationID
FOREIGNKEY (EvaluationID)
REFERENCES Evaluation(EvaluationID);
```

Conclusion

Notre objectif est de réduire en amont la complexité des activités et l'effort nécessaire pour la gestion de la qualité des données du processus DM. Le processus DM proposé est conçu pour être déployé en parallèle avec le processus SE. Le logiciel issu de l'application de ce nouveau processus doit permettre l'exécution des processus métiers décrits dans la spécification fonctionnelle et fournir des données de bonne qualité pour l'opération de fouille. L'utilisation de ce modèle de processus DM est illustrée ici par un exemple pratique pour montrer comment traiter le problème des données variant dans le temps et les données aberrantes.

Conclusion générale

Notre travail s'inscrit dans le cadre de l'amélioration du processus de DM par un processus SE. L'objectif est d'utiliser les activités du SE pour mettre à la disposition du processus DM un jeu de données valides, prenant en compte les problèmes liés à la préparation des données.

Pour arriver à cet objectif, nous avons passé en revue l'ensemble des travaux concernant les processus DM et des processus SE. Cet exercice nous a permis de présenter les processus de fouille orientés vers la recherche et ceux orientés vers l'industrie. Une comparaison de ces modèles, nous a permis de choisir le processus CRISP-DM pour la suite de nos travaux. Le choix de ce processus nous a amené à étudier ses différentes étapes et surtout la phase de préparation et les problèmes liés aux données. De cette étude, nous avons décelé quelques problèmes qui minent la qualité des données. Ces problèmes concernent les données aberrantes, les données manquantes, les incohérences dans les données, etc.

Nous avons ensuite fait un état de l'art des travaux allant dans le sens de l'amélioration du processus DM en utilisant des processus logiciel tels que Agile, le RUP, entre autres. il ressort que ces travaux n'incluent pas l'aspect anticipation des besoins de fouille dans le processus SE et donc les problèmes liés à la qualité persistent toujours.

Or, les données utilisées par le processus DM proviennent généralement des bases de données ou des entrepôts qui sont mis en place par un processus de développement logiciel. En tenant compte des différentes étapes du processus de développement logiciel, nous nous sommes attelés à répondre au problème de qualité des données en mettant en place un processus couplé (processus DM et processus SE). L'utilisation de ce nouveau modèle de processus prend en compte la compréhension et la préparation a priori des données. Ce qui permet d'anticiper sur le problème des données aberrantes, les données variant dans le temps, les données manquantes, etc.

L'exemple proposé dans ce document permet d'illustrer la prise en compte des problèmes des données variant dans le temps et des données aberrantes.

Au cours de ces travaux de recherche, nous avons eu à mieux cerner l'utilisation des activités du processus SE ainsi que l'application du processus DM dans un projet. Ce qui constitue un véritable apport pour nous. Une perspective d'amélioration de ce travail est de faire une étude complète couvrant la quasi-totalité des problèmes de qualité de données (incohérences dans les données, données aberrantes, données variant dans le temps, données manquantes, etc.). Il serait aussi intéressant d'explorer dans le futur l'impact de la collecte initiale des données dans la mesure des performances des processus de l'entreprise.

Bibliographie

1. *CRISP-DM 1.0: Step-by-step data mining guide.* **Pete, Chapman.** 1999.

2. **Inmon.***Building the Data Warehouse.* New York : John Wiley & Sons, 2002, 3ème ed.

3. **Tufféry., S.***Data mining et statistique décisionnelle : l'intelligence des donnéees.* . s.l. : Editions Ophrys, 2007.

4. **Vercellis, Carlo.** Business Intelligence: Data Mining and Optimization for Decision Making . Milano Italy : Politecnico di Milano, pp. 89-106.

5. **Adderley, R., Townsley, M. and Bond., John.***Use of data mining techniques to model crime scene investigator performance.*

6. *Knowledge discovery approach to automated cardiac SPECT diagnosis.* **Lukasz, A. Kurgan, et al., et al.** 2001, Artificial Intelligence in Medicine.

7. *The Data Mining and Knowledge Discovery Handbook.* **O., Maimon and L., Rokach.** 2005, Springer, Tel Aviv.

8. *MineSet : An integrated System for Data Mining, KDD-97 Proceedings.* **C., Brunk, K., James and R, Kohavi Mountain Viez.** 1997, AAAI.

9. *A Data Mining Methodology for Cross Sales.* **S.S., Anand, et al., et al.** 1998, Knowledge-Based Systems.

10. *Decision Support using Data Mining.* **S., Anand and Buchner.** 1998, Londres : Finacial Time Management.

11. Data Mining and the Case for Sampling. SAS. [Online] http: //sce.uhcl.edu/boetticher/ML_DataMining/SAS-SEMMA.pdf.

12. *E-Business and E-Challenges.* **Milutinovic, V. and Patricell, F.** 2002, IOS Press.

13. *Definition and instantiation of an integrated data mining process.* **Pérez, Javier Segovia.**

14. *A survey of data mining and knowledge discovery process models and methodologies.* **Marban, O., Mariscal and Fernandez, G.** 2010, Vol. 25, The Knowledge Engineering Review, Cambridge University Press,.

15. *A Review of Missing Data Treatment Methods, .* **Peng, Liu and Lei, Lei.** Department of Information Systems, Shanghai University of Finance and Economics, Shanghai, 200433, P.R. China,

16. **IBM.***Guide CRISP-DM de IBM SPSS Modeler.* s.l. : IBM Corporation , 2012.

17. *Traitement des valeurs manquantes et des valeurs aberrantes.* **NICOLAU, Florence.** pp. 2005-2006.

18. *Traitement des valeurs aberrantes : concepts actuels et tendances générales.* **Planchon, Viviane.** 2005, Biotechnol. Agron. Soc. Environ., pp. 19–34.

19. *Simplified Statistics for small Numbers of Observations.* **R. B. DEAN, W. J. DIXON.** 1951.

20. **Grubbs, F.**_Procedures for Detecting Outlying Observations in Samples._ s.l. : Technometrics, Vol. 11, 1969.

21. _Graphical Methods For Data Analysis._ **CHAMBERS J.M., CLEVELAND W.S., KLEINER B.,TUKEY P.A.** Californie : Wadsworth International Group, 1983.

22. _An Analysis of Four Missing Data Treatment Methods for Supervised Learning._ **Gustavo, Batista, A. and Monard, M. Carolina.** 2003, Applied Artificial Intelligence 17, pp. 519-533.

23. **LERAY, Philippe.**_Réseaux Bayésiens: apprentissage et modélisation des systèmes complexes._ Novembre 2006.

24. **Sommerville, I.** Software Engineering. 8th Revised edition . United Kingdom : Addison-Wesley Educational Publishers Inc, , 2006.

25. _An axiomatic basis for computer programming._ **Hoare, C. A. R.** 1969, Communications of the ACM.

26. **OMG.** OMG Unified Modeling LanguageTM (OMG UML). _OMG._ [Online] Mai 2010. [Cited: Novembre 04, 2013.] http ://www.omg.org/spec/UML/2.3/.

27. **Rota, V. Messager.**_Gestion de projet, Vers les méthodes agiles._ 1ère édition. s.l. : Eyrolles, 2007.

28. _Life cycle support in the ADA environment._ **McDermid, J. and Ripken, K.** 1984, University Press.

29. _Managing the development of large software systems._ **Royce., W.W.** 1970, IEEE Wescon, pp. 1-9.

30. **COLLONVILLÉ, Thomas.**_Elaboration de processus de développements logiciels spécifiques et orientés modèles –Application aux systèmes à événements discrets._ Haute Alsace : Thèse de doctorat de l'Université de Haute-Alsace.

31. **Wiley.**_S.W. Ambler and R. Je☐ries. Agile Modeling: E☐ective Practices for Extreme Programming and the Unified Process._ . 2002.

32. **Tomayko, J. and Scragg, G.**_Human Aspects of Software Engineering._ 1ére edition. Masschusetts : Charles River Media, Hingham, 2004.

33. _The Unified Software Development Process._ **Jacobson, I., Booch, G. and Rumbaugh, J.** 1999, Addison-Wesley Publishing.

34. **Roques, P. and Vallée.**_UML2 en action, de l'analyse des besoins à la conception._ s.l. : Eyrolles, 2007.

35. _Etude et synthèse sur les méthodes Agile._ **Bouteloup, L.** Grenoble : CNAM Synthèse TEST.

36. **Chenu, E.** eXtreme Programming. [Online] http://manu40k.free.fr/eXtremeProgramming2emeEdition.pdf .

37. _Towards data mining engineering: a software engineering approach._ **Oscar, M., Segovia, J. and Menasalvas, E. & Fernand.** Information system .

38. _An Agile Knowledge Discovery in Databases Software Process._ **Givanildo S. N and Adicinéia A.O.** Federal University of Sergipe, São Cristóvão, Brazil, Petrobras, Aracaju, Brazil.

39. _An Engineering Approach to Data Mining Projects._ **Marban, O., Mariscal, G. and Segovia:, J.**

40. *Agile Modeling: Effective Practices for Extreme Programming and the Unified Process.* **S. W. Ambler, R. Jeffries.** 2002, John Wiley and Sons Inc.

41. **SPSS.***CRISP-DM 1.0: Step-by-step data mining guide.* s.l. : SPSS Inc, 2000.

42. **Ian, H.W. and F. Eibe.***Data Mining Practical Machine Learning Tools and Techniques.* s.l. : Morgan Kaufmann Publishers, 2005.

43. *A Package for Learning Bayesian Networks.* **Boettcher, S.G. and C. Dethlefsen, deal.** 2003, Journal of Statistical Software, pp. P. 1-40.

44. **Han, J., M. Kamber, and J. Pei,.***Data Mining: Concepts and Techniques.* s.l. : The Morgan Kaufmann Series in Data Management Systems, second edition ed. 2005.

45. **Ramakrishnan, R. and J. Gehrke.***Database Management Systems.* s.l. : Berkeley: Osborne/McGraw-Hill, 2000.

46. **Gardarin, Georges.***Base des données.* Paris : Eyrolles, 2003.

47. *Data Mining, A Knowledge discovery Approach, New York :.* **K.J., Cios, et al., et al.** s.l. : Springer, pp. 11-24, 2007, 2007, Springer, New York, pp. 11-24.

48. **U.M, Fayyad.** Data Mining in the KDD Environment. [Online] http ://www.data-mining-blog.com/data-mining/data-mining-kdd-environment-fayyad-semma-five-sas-spss-crisp-dm.

49. *A survey of Knowledge Discovery and Data Mining process model.* **A., Kurgan Lukasz and P., Musilek.** 2006, The Knowledge Engineering Review, Cambridge University Press.

50. *A methodology for interoperability evaluation in supply chains based on causal performance measurement models.* **Camara, M., Ducq, Y. and al., et.** 2012, Enterprise Interoperability V. R. Poler, G. Doumeingts B. Katzy and R. Chalmeta, Springer.

51. *Requirements Engineering. Processes and Techniques. Wiley, USA.* **G., Kotonya and Sommerville, I.** 1998.

52. *A Data mining & Knowledge discovery process model.* **Marban, O., Mariscal, G. and Segovia, J.**

53. *Business modelling is not process Modeling.* **Gordijin H., Akkermans H. and Van Vliet H.** 2000, ER Workshops, pp. 40-51.

54. **Reifer, D. J.***Software Management.* 7th. Edition. s.l. : Wiley-IEEE Computer Society Press, 2006.

55. **Buckley, F.***Configuration Management: Hardware, Software and Firmware .* USA : IEEE Computer Society Press, 1992.

56. *Clarifying Business Models: Origins, Present, and Future of the Concept.* **A. Ostenwalder, Y. Pigneur, and C.L. Tucci.** Communications of AIS, , Vols. Volume 15, Article 1.

57. *Extending UML for modeling of Data mining cases .* **Ondryhal, L. Burita-Vojech.**

58. *Data Cleaning: Problems and Current Approaches.* **Rahm, Erhard and Do, Hong Hai.**

59. *Un algorithme de déduplication pour les bases et entrepôts de données.* **Boufarès, Faouzi, Salem, Aïcha Ben and Correia, Sebastiao.**

60. —.**Boufarès, F., Salem, A. Ben and Correia, S.**

61. **Pressman, R.S.** Software Engineering: A Practitioner's Approach. [ed.] sixth ed., McGraw-Hill Science. New York : s.n., p. 2005.

62. *Factors in software quality,.* **Richards, P., McCall, J. and Walters, G.** s.l. : NTIS AD-A049-014, 015(055),, November 1977, NTIS.

63. *The many dimensions of the software process.* **Tyrrell, S.** 2000, ACM Crossroads.

64. Performance Measurement Systems. *http://www.sema.org/.* [Online] Manage Mentor, Harvard. http://www.sema.org/hmm10/performance_measurement/what_is_a_performance_measurement _system.html.

65. Trillium Sofware System. A Practical Guide To Achieving Enterprise Data Quality. [Online] www.techguide.com..

66. *An empirical investigation of data quality dimensions: A data consumer's perspective.* **Richard, Wang, Strong, Diane and Guarascio, Lisa.** Janvier 1994, TDQM-94-01, MIT TDQM Research Program.

67. *Historisation des données.* **Frédéric, Brouard.**2008, Campus Press.

68. **M., R. Kimball and Ross.***The Data Warehouse Toolkit: The Complete Guide to Dimensional Modeling. .* New York : John Wiley & Sons, Inc, Second ed. 2002.

69. **COLLONVILLÉ, T.***«Elaboration de processus de développements logiciels spécifiques et orientés modèles –Application aux systèmes à événements discrets» .* s.l. : Thèse de doctorat de l'Université de Haute-Alsace, Haute Alsace.

70. **Royce, W.***« Managing the development of large software systems,».* s.l. : IEEE Wescon, 1970.

71. *« Life cycle support in the ADA environment» .* **Ripken, J. McDermid et K.** 1984, University Press.